THE NEW SIDDUR PROGRAM FOR HEBREW AND HERITAGE

עִבְרִית חֲדָשָׁה
לְתוֹדָעַת תְּפִלָּה

PRIMER

BEHRMAN HOUSE

PROJECT EDITORS:
PEARL G. TARNOR, RUBY G. STRAUSS

BOOK DESIGN: ROBERT J. O'DELL

ILLUSTRATIONS: SANDRA SHAP

11 Edison Place, Springfield, NJ 07081
ISBN 13: 978-0-87441-517-9
MANUFACTURED IN THE UNITED STATES OF AMERICA

CONTENTS — תֹּכֶן

בּ ָ ַ

BET

1 בּ בַּ בָּ בַּ בָּ בּ

2 בַּבּ בָּבּ בַּבַּ בָּבָּ

3 בַּבָּ בָּבַּ בָּבָּ בַּבַּ

4 בָּבַּבּ בַּבָּבּ בַּבָּבַּ בָּבַּבָּ

READ AND UNDERSTAND

in the בַּ__

בַּיִת

תּ ת : TAV

LETTERS YOU KNOW בּ

VOWELS YOU KNOW ַ ָ

1 תְּ תָ תַּ תְ תָּ תַ

2 תַּת תָת תָּת תַּתְ תַּתָּ

3 בְּ בָּ בַּ בְּבָּ בְּבַּ בָּבַּ

4 תַּבַּ תְתָ בְּתַ בָּתָּ בָּתַּ

5 בָּתָ תַּבַּ תְּבָּ תְּתָּ בַּת

6 בָּתָּת תְּבָּבַּ בַּתָּתַ בְּבָּתַ

READ AND UNDERSTAND

daughter - בַּת

LETTERS YOU KNOW בּ תּ ת

VOWELS YOU KNOW ָ ַ ְ

שׁ

SHIN

1 שַׁ שְׁ שָׁ שַׁ שְׁ שָׁ

2 שַׁשַׁ שָׁשָׁ שְׁשַׁ שְׁשָׁ שַׁשׁ

3 שַׁבָּ בַּשָׁ שְׁבַּ שַׁבַּ בְּשָׁ

4 תַּשׁ תָשׁ שַׁת שְׁתַּ שָׁתַ

5 שַׁתַּבּ בַּשָׁתָּ בַּשְׁתָּ שְׁתַּת

6 שַׁ שַׁבָּ שַׁבָּת שַׁבַּת

READ AND UNDERSTAND

Sabbath -שַׁבָּת

שַׁבָּת

LETTERS YOU KNOW בּ תּ ת שׁ

VOWELS YOU KNOW ְ ־ ָ

אֲ ALEF

1 אַ אָ אֲ אָ אֲ אַ

2 אָ אָשׁ אֲ אֲת אַ אַבַּ

3 אַתָּ אַתְּ אַשָׁ אַשְׁ אַבָּ אַבְּ

4 בָּא תָּא שָׁא בְּאָ תְּאָ שְׁאָ

5 אֲ אֲתַ תַּאֲ בַּאֲ

6 בַּאתָ בָּאַשׁ שַׁבָּת

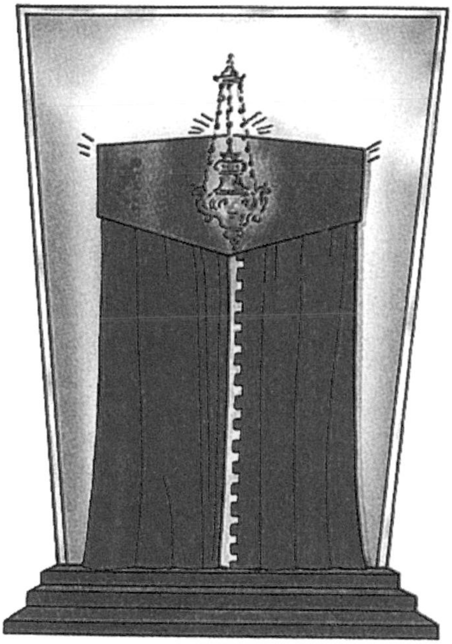

אֲרוֹן־קֹדֶשׁ

READ AND UNDERSTAND

father -אַבָּא-

ה
HAY

LETTERS YOU KNOW בּ תּ ת שׁ א

VOWELS YOU KNOW ָ ַ ְ ֲ

1 הָ הַ הֲ הָ הֲ הָ

2 הָהָ הָאָ הַשָׁ הָאֲ הַהֲ

3 אֲהַ אָהַ הָא אָהַ בָּאָה

4 בָּה אַה שָׁה תָּה בַּה

5 הַבָּא הַאֲשָׁ בְּאַהֲ הַאַהֲ

6 הַבַּ הַבַּת הַשַׁ הַשַׁבָּ

7 אַתָּה הַשַׁתָּא הַשַׁבָּת

READ AND UNDERSTAND

אַתָּה- you

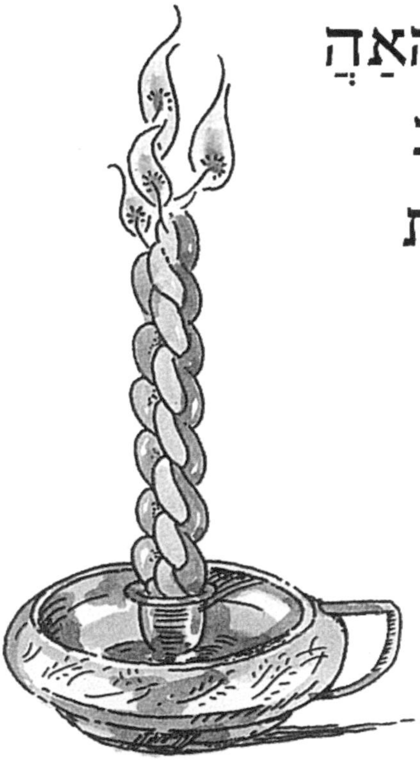

הַבְדָּלָה

ִי ִ

LETTERS YOU KNOW ב תּ ת שׁ א ה

VOWELS YOU KNOW ָ ַ ְ ֲ

1 בִּ תִּ אִי הִ שִׁי

2 תִי שִׁ הִי אִ תִּ בִּי

3 הִיא הִבִּי הִתִּי אִתִּי

4 הַשִׁי אִישׁ אִשִׁי אִשָׁ שִׁשָׁ

5 הִשְׁ בִּתְ הִת תְּהִ תַתִּי

6 בִּתִי תִּשְׁבִּי תִּישׁ אִיתָּ בַּתִּ

7 אִשָׁה שִׁשָׁה הִשְׁתַּבַּ הִשְׁבִּי

READ AND UNDERSTAND

אִישׁ- man

מְגִילָה

LETTERS YOU KNOW בּ תּ ת שׁ א ה

VOWELS YOU KNOW ָ ַ ְ ֲ ִ ֵ ִי

ו

VAV

1 וָ וַ וְ וַ וִ וָ

2 וְאָ וְהַ וְשָׁ וְהִ וָא

3 תַּו וָו וַאֲ שִׁוַ וַשׁ

4 וְאַ וְאַהֲ וְאַתָּ שְׁוָא

5 וְאַתְּ וְאַתָּה וְהִיא וַשְׁתִּי

READ AND UNDERSTAND

and וְ-

וֶרֶד

LETTERS YOU KNOW בּ תּ ת שׁ א ה ו

VOWELS YOU KNOW ◌ָ ◌ַ ◌ְ ◌ֲ ◌ִ ◌ִ י

◌ֶ ◌ֱ

1 תֶּ שֶׁ הֶ אֱ בֶּ וֶ

2 שֶׁה וֶה בֶּה אֶת אֶה

3 אֱשֶׁ אַתֶּ שֶׁבּ שֶׁבְ שֶׁהַ

4 שֶׁאַ שֶׁהֶ בֶּאֱ וֶה

5 וְאֱ בָּא אַתֶּ שֶׁאַתָּה

READ AND UNDERSTAND

בָּא- comes

כֶּתֶר

LETTERS YOU KNOW בּ תּ ת שׁ א ה ו

VOWELS YOU KNOW ָ ַ ְ ֵ ִ י ֶ ֱ

ד DALET

1 דַ דִי דְ דֶ דִ דָ

2 דָ דָה דִי דִישׁ דֶה דֶשׁ

3 אֲד אָד הַד אֱדָ הָדָ

4 דָאָ דָשָׁ דָתֶ דֶוֶ

5 דְ דְשָׁ דְשֶׁ הַדְ הִדֶ

6 דִ דִבֶּ דַבֵּ בַּדֶ בִּדְ

7 וִד וָד דָוִ אַדִי בְּדִ

8 דָוִד דָשָׁה דָאָה

READ AND UNDERSTAND

דָוִד - David

דָג

נ
NUN

LETTERS YOU KNOW בּ תּ ת שׁ א ה ו ד

VOWELS YOU KNOW ָ ַ ְ ֲ ִ ִי ֵ ֶ ֱ

1 נָ נִ נַ נֶ נְ נִי

2 נָת נָא נָו נָה נָשׁ נַת

3 נָתַ נָהָ נָאֶ נֶאֱ

4 אָנָ שָׁנָ נָתֶ בְּנִי אֲנִי

5 וְנֶאֱ וְנִוָ וַאֲנַ וַאֲנִי

6 נִשְׁ נְשָׁ נִשְׁבַּ וְנָתְ

7 נָתַתָּ נָתַתִּי נָאֶה

8 שָׁנָה אָנָא בָּנָה בִּינָה

READ AND UNDERSTAND

אֲנִי- I

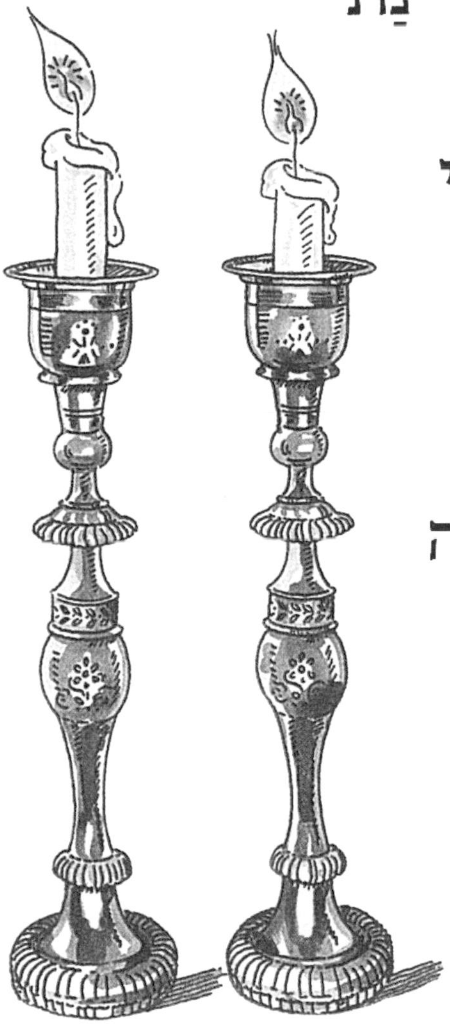

נֵרוֹת

ן FINAL NUN

LETTERS YOU KNOW בּ תּ ת שׁ א ה ו ד נ

VOWELS YOU KNOW ◌ָ ◌ַ ◌ְ ◌ֲ ◌ִ ◌ֹ ו ◌ֶ ◌ֱ

1 בָּן דִין תַּן דָן

2 וָן שָׁן שִׁין וֶן בֶּן שַׁן

3 תַן נָתַן וְנָתַן שֶׁנָתַן

READ AND UNDERSTAND

נָתַן - gave

סְבִיבוֹן

LETTERS YOU KNOW בּ תּ ת שׁ א ה ו ד נ ן

VOWELS YOU KNOW ◌ָ ◌ַ ◌ְ ◌ֲ ◌ִ ◌ִי ◌ֶ ◌ֱ

ח
CHET

1 חֲ חָ חֶ חֱ חִ חַ

2 חָד חַת חָה חָנַ חָדָ

3 חָשַׁ חֶדֶ חֲדָ חָתֶ הַחֲ

4 אֶחָ אַחֲ נַח בַּח אָח

5 שִׁיחֶ בְּחֲ הֱחֶ וָחֶ אַחֲ

חַלָה

6 חָנַ חַתְ חֲוִ חֱוֶ נַחְ

7 תַּבַּח אֲנַחְ וְהַחֱ חֲדָשָׁ

8 חָדָשׁ חֲדָשָׁה הִשְׁתַּבַּח

9 שֶׁהֶחֱ חֱוֶה תַּחֲוִי תַּחֲוֶה

10 חָנַן תַּחַת אֶחָד

READ AND UNDERSTAND

אֶחָד- one

ב
VET

LETTERS YOU KNOW בּ תּ ת שׁ א ה ו ד נ ן ח

VOWELS YOU KNOW ◌ָ ◌ַ ◌ְ ◌ֲ ◌ִ ◌ִי ◌ֶ ◌ֱ

1 בַ בָ בֶ בְ בִ בִי

2 בַבָ בָב בַבִי בֶבִי בִבְ

3 בָא בִיא בֶן בַד בַח

4 אֱבֶ הֲבָ דָבָ שִׁיב תַבְ

דְבַשׁ

5 נִבְ בִין אָב אָבַ אָבִי

6 בָה בַת שָׁב שְׁבִי שֶׁבֶ

7 אֶבֶן אָבַד אָהַב הַבְתָּ

8 שָׁבַת שֶׁבַח אָבִיב נָבִיא

9 הַשְׁבִי בִּדְבָ אַהֲבַ הֲבָה חָשַׁב

10 אַהֲבָה אַהֲבַת בְּאַהֲבָה וְאָהַבְתָּ

READ AND UNDERSTAND

אַהֲבָה- love

LETTERS YOU KNOW בּ ת ת ש א ה ו ד נ ן ח ב

VOWELS YOU KNOW

1 נֵ חֵ שֵׁ בֵי אֵי בֵּי

2 בֵּ תֵּי שֵׁ אֵ הֵי וֵ דֵי חֵי

3 נֵה חֵן שֵׁב אֵין בֵּית

4 אֵשׁ שֵׁשׁ תֵת תֵּן בֵּין

5 דֵדָ שַׁשֵׁי בֵּיבְּ וֵו הִיהֵ אֵיאָ

6 אֵינִי הֵבִי דִבֵּ בֵּיתֶ בְּנֵי

7 דַבֵּי וָשֵׁ חָתֵ בָּאֵ שִׁיבֵ

8 שֵׁנָה הֵשִׁיב חִדֵשׁ וְתֵן

9 הֵבִיא וְאֵין שֵׁנִי הֵבִין

READ AND UNDERSTAND

here is הִנֵּה-

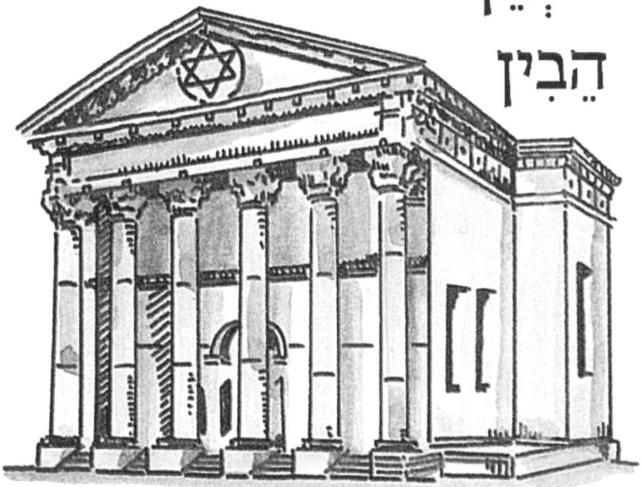

בֵּית־כְּנֶסֶת

ק
KOOF

LETTERS YOU KNOW בּ תּ ת שׁ א ה ו ד נ ן ח ב

VOWELS YOU KNOW ◌ָ ◌ַ ◌ְ ◌ֲ ◌ִ ◌ִי ◌ֶ ◌ֱ ◌ֵ ◌ֵי

1 קֵ קֵי קְ קִ קָ קֶ

2 קֵיק קִקַ קֵקִי קֶקָ קְקֵי

3 קֵן קִוִי קַבֵּ קָנָ קָהָ

4 בָּקַ קִבֵּ חֵקֶ הַקָ קַח

5 קִוָ תִּקְ דָקָ נָקִי קְהִי

קֶשֶׁת

6 דָקָה קָהָ קָנָה נַקְדִי

7 קִוָה בִּקֵשׁ קָשֶׁה תִּקֵן

8 קִדֵ קֶדֶ קַדְ קַדִי קַדֵשׁ

9 קַדְשֵׁ קִדְשָׁ קִדֵשׁ קַדִישׁ

10 בַּקָשָׁה תִּקְוָה תַּקָנָה וְהַקָד

11 נַקְדִישׁ הִתְקַדֵשׁ הַתִּקְוָה

READ AND UNDERSTAND

תִּקְוָה- hope

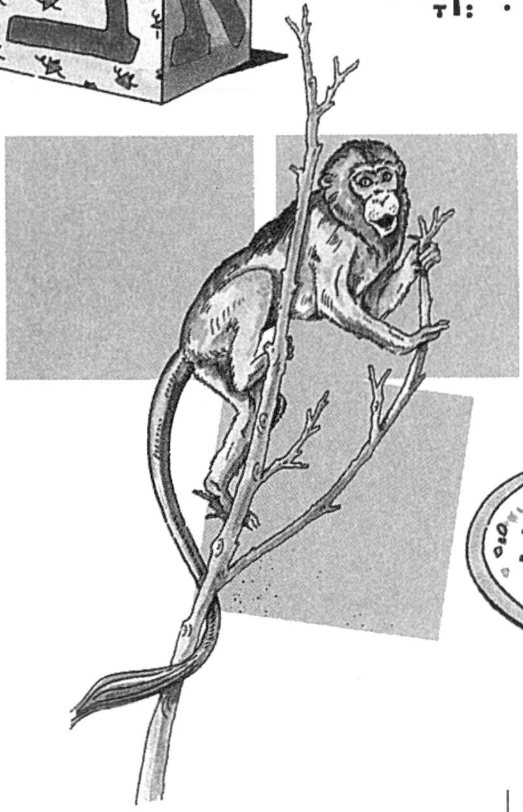

מ MEM

LETTERS YOU KNOW בּ תּ ת שׁ א ה ו ד נ ן ח ב ק

VOWELS YOU KNOW ◌ָ ◌ַ ◌ְ ◌ֲ ◌ִ ◌ִי ◌ֶ ◌ֱ ◌ֵ ◌ֵי

1 מִ מֶ מַ מֵ מָ מְ

2 מֵמִי מְמִי מֶמֶ מַמְ מַמִי מֵמָ

3 מֵת מָן מִיד מַה מֶשׁ מִן

מְזוּזָה

4 שָׁמָ מִינִי הַמַ אָמַ בַּמָ מָשַׁ

5 מִשֶׁ מָתִי מַשִׁי מִינֵי מֵאִי מָוֶ

6 מִקְ מַתְּ מַדְ בְּמִ מְשִׁי שְׁמַ

7 מַשִׁיב מֵבִיא מָוֶת מַתַּן

8 אָמַד קָמָה שְׁמִינִי מֵמִית

9 שֶׁמֶשׁ תָּמִיד אֱמֶת בֶּאֱמֶת

10 מְחַדֵשׁ מְקַדֵשׁ נֶאֱמָן אָמֵן

READ AND UNDERSTAND

אֱמֶת- truth

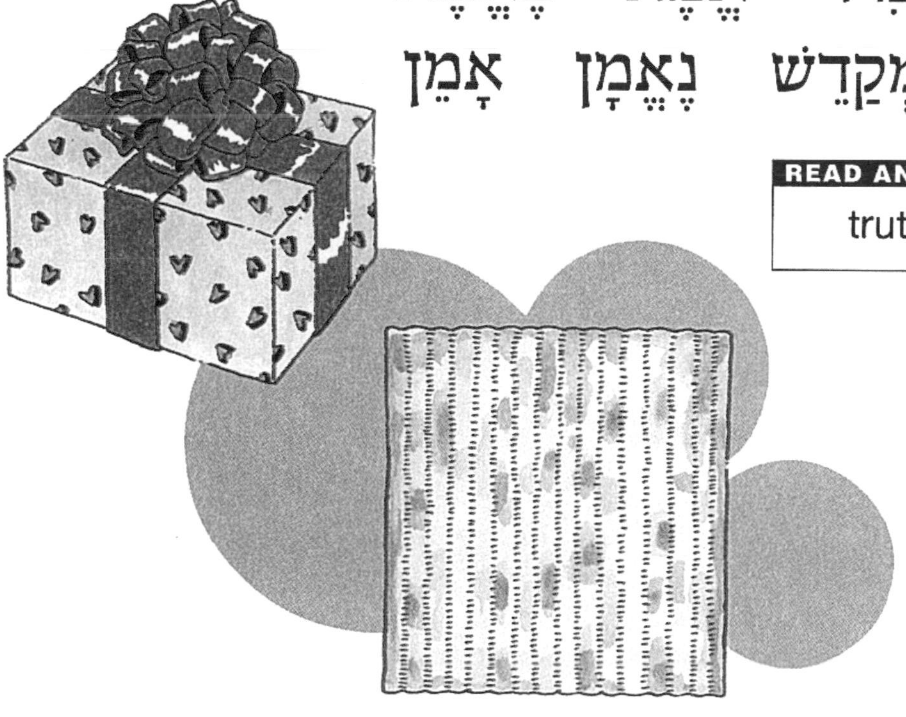

LETTERS YOU KNOW בּ תּ ת שׁ א ה ו ד נ ן ח
ב ק מ

VOWELS YOU KNOW ָ ַ ְ ֲ ִ ִי ֵ ֵי ֶ ֱ

ם FINAL MEM

1 תָּם דָּם קָם שָׁם הָם

2 נִים בִּים דִים הִים מִים

3 הֶם קַם אֶם תֶּם חֶם

4 תֵּם אִם שֵׁם מַם הֵם

5 הָהֵם בְּשֵׁם אָשֵׁם אַתֶּם

6 נָקַם דָּמַם תָּמִים חֲמִים

7 אָדָם נִחֵם מִשָּׁם בְּנֵיהֶם

READ AND UNDERSTAND

name - שֵׁם

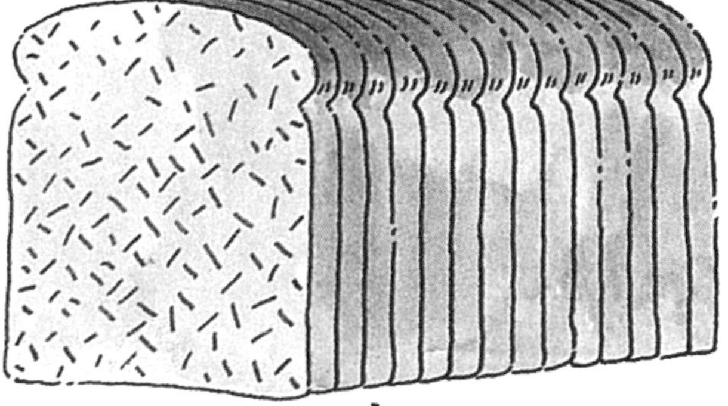

לֶחֶם

וֹ

LETTERS YOU KNOW בּ תּ ת שׁ א ה ו ד נ ן ח
ב ק מ ם

VOWELS YOU KNOW ◌ָ ◌ַ ◌ְ ◌ֲ ◌ִ ◌ִי ◌ֶ ◌ֱ ◌ֵ ◌ֵי

1 אוֹ תוֹ שׁוֹ מוֹ בּוֹ דוֹ

2 בּוֹשׁ מוֹת אוֹת דוֹן קוֹם

3 אֲבוֹ שְׁמוֹ אוֹתוֹ הוֹדוֹ הוֹם

4 מוֹשִׁי אוֹתִי שׁוֹנִי מוֹשֶׁ הֲמוֹן

5 מוֹדֶה הוֹד הוֹדָה הוֹדָאָה

6 מוֹשָׁב מָקוֹם אוֹתָם אָדוֹן

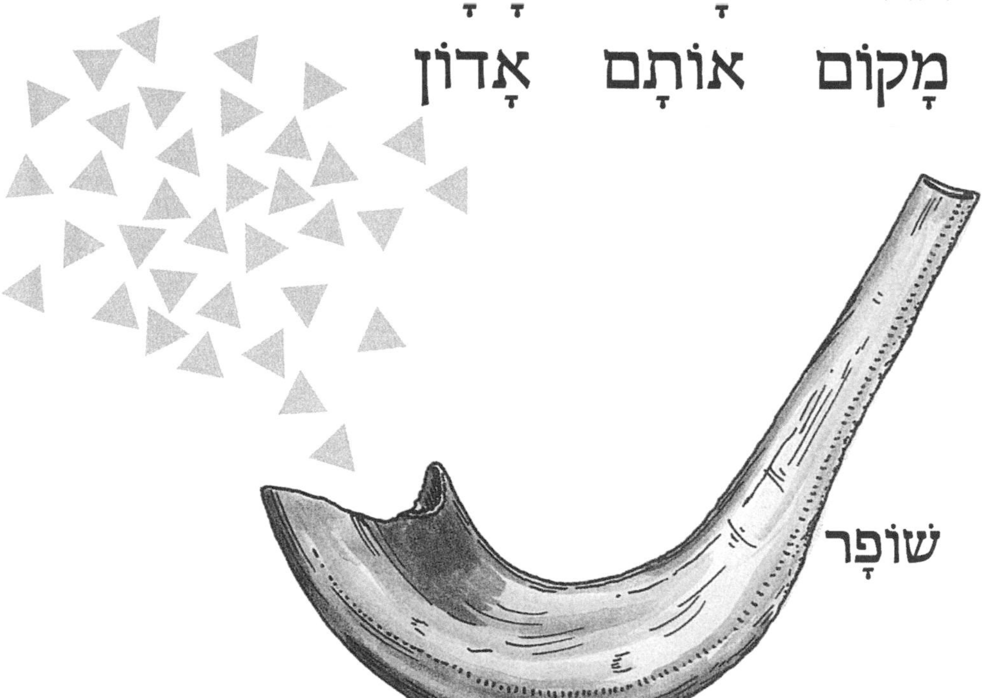

7 מֹ בֹ אֹ קֹ בֹּ חֹ

8 חֹק קֹב אֹד אֹהֶ מֹנַ מְבֹ

9 מְאֹד שְׁמֹנַת קֹדֶשׁ

10 קַֹד דשׁ קָדשׁ מֹ שֶׁה משֶׁה

READ AND UNDERSTAND

אָדוֹן- Lord

בּ תּ ת שׁ א ה ו ד נ ן ח ב
ק מ ם

LETTERS YOU KNOW

ָ ַ ְ ֲ ִ ִי ֶ ֱ ֵ ֵי וֹ ֹ

VOWELS YOU KNOW

ל
LAMED

1 לוֹ לַ לְ לִי לֶ לֹ

2 לַח לַת לָא לֵב לֵא לֵיל

3 לֶה לֶת לֶק לָן לִים

4 לְאוֹ לְהוֹ לְדוֹ לְשׁוֹ לְתוֹ

5 לוֹם לֹהַ לֹהֵי לֹא לֹהִי

6 לֵמָ לָנֶ לִיק לְבָ לֶחֶ לָשׁוֹ

7 בְּלִי מִלֵ הִלָ שֶׁל שֶׁלִי שֶׁלוֹ

8 לָבַשׁ לָתֵת לָשׁוֹן לָמַד

9 לִבְנֵי לִמֵד לִשְׁמוֹ לִיקִים

10 לְשׁוֹנִי לְמוֹשִׁי לְהוֹדוֹ לְבַד

11 לַאדוֹ לֵאמֹ לֵאלֹ לַאֲבוֹ

12 שָׁלַח חֵלֶק אֵלֶה מְלֹא

13 חוֹלֶה חִילָה לִישִׁי שְׁלִישִׁי

14 הָאֵל הַלֵל קִלֵל מוֹחֵל

15 מָשַׁל מְחַל קָהָל אֹהֶל

16 לֶחֶם לֵישֵׁב לְאוֹת לְדָוִד

17 הִנְחִיל תְּהִלוֹת לְהוֹדוֹת לְהַדְלִיק

18 אֱלֹהֵי וֵאלֹהֵי לֵאלֹהֵי אֱלֹהִים

19 שָׁלוֹם הַשָׁלוֹם וְשָׁלוֹם בַּשָׁלוֹם

READ AND UNDERSTAND

שָׁלוֹם- peace

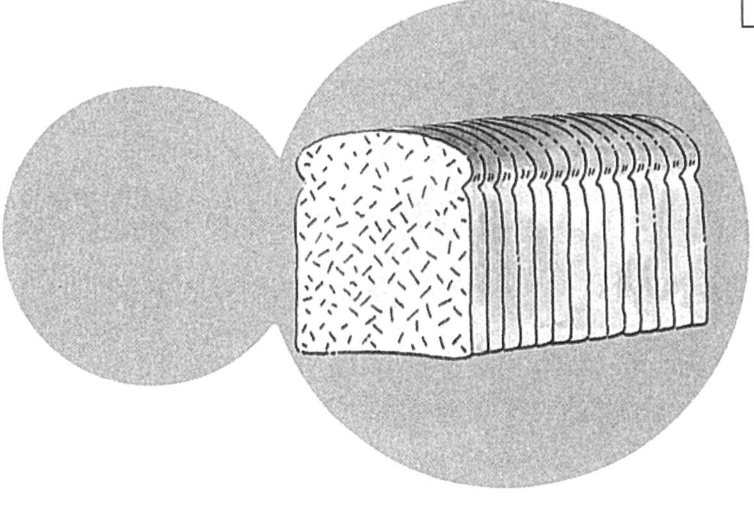

ע
AYIN

LETTERS YOU KNOW בּ תּ ת שׁ א ה ו ד נ ן ח ב
ק מ ם ל

VOWELS YOU KNOW ◌ָ ◌ַ ◌ְ ◌ֲ ◌ִ ◌ִי ◌ֶ ◌ֱ ◌ֵ ◌ֵי וֹ ◌ֹ

1 עוֹ עָ עֶ עִ עֵי עֲ

2 עֵת עַל עִם עוֹל עֵד עָה

3 עוֹד עַם עַד עוֹן עִים עוֹת

4 עַתָּ עָנָ עַמֶ עוֹנִי עֹנִי עֵינֵי

5 עַמִי עַמוֹ עוֹלָ עִתִּי עֶבֶ עֶלְ

6 עֲבֵ עֲלוֹ עֲלֵי עֲבוֹ עֲלִ

עֲנָבִים

7 דִיעַ בַּעֲ בְּעֱ שִׁיעֵ בֹּעַ מוֹעַ

8 שֶׁעָ בִיעִי נָעִי שִׁיעֵי בְעָ

9 עָמַד עָבַד עָלָה עָלַם

10 עַתָּה עִתִּים עֶבֶד עָנָו

11 עֲקֹב עֲלֶה עֲלוֹת עַמִּים

12 דַעַת וְעַל עָנָה הָעָם

13 שְׁמַע שָׁמַע שִׁוַע שָׁעָה

14 לְעַמּוֹ לְעֵינֵי מְעוֹן נָעִים

15 מוֹעֵד הוֹשִׁיעַ לְמַעַן הַשְּׁבִיעִי

16 לִקְבֹּעַ לִשְׁמוֹעַ הוֹדִיעַ נִוָשֵׁעָה

17 הָעוֹלָם עוֹלָמִים לְעוֹלָם וָעֶד

18 מֵעַתָּה וְעַד עוֹלָם

READ AND UNDERSTAND

עוֹלָם- universe

י YUD

LETTERS YOU KNOW בּ תּ ת שׁ א ה ו ד נ ן ח ב
ק מ ם ל ע

VOWELS YOU KNOW ָ ַ ְ ֲ ֵ ֶ ִ ִי ֵי ֶי וֹ וּ ֹ

1 יִ יוֹ יֵ יֶ יָ יֹ

2 יָה יִל יֵב יֶה יָד יֹא

3 יוֹת יוֹן יוֹם יָם יִם יִת

4 יְמֵי יְמוֹ יוֹמָ יָמִי יָמֵי

5 יְבָ יָבֹ יְשָׁ יָשַׁ יְהִי יִחֵ

6 יַעֲ יָאֵ יָדִי יָקָ יִשְׁ יֶחְ

7 לְיוֹ וְיוֹ חֶיָ חַיִ חַיֵ חַיֵי

8 יָדַע יָשַׁב יָבֹא יָשֵׁן יַחַד

9 וַיְבָ וַיְהִי וַיֹּאמֶ יוֹמָם

10 מָיִם בַּיִת חַיָה הָיָה

11 אַיִל אוֹיֵב קַיָם עַיִן

12 חַיִים יָמִים שָׁמַיִם עֵינַיִם

13 עֶלְיוֹן עֲלִיָה יַעֲלֶה יַעֲקֹב

ָי ַי

1 דַי לַי שַׁי חַי הַי נָי

2 לַי אֵלַי שַׁי יִשַׁי דַי יָדַי

3 הַי לֹהַי אֱלֹהַי דַי שַׁדַי

4 נָי דֹנָי אֲדֹנָי יְיָ ה׳

READ AND UNDERSTAND

חַיִים- life

וּ

LETTERS YOU KNOW בּ תּ ת שׁ א ה ו ד נ ן ח ב
ק מ ם ל ע י

VOWELS YOU KNOW ◌ָ ◌ַ ◌ְ ◌ֲ ◌ִ ◌ִי ◌ֶ ◌ֱ ◌ֵ ◌ֵי וֹ ◌ֹ ◌ַי ◌ָי

1 נוּ לוּ מוּ חוּ קוּ יוּ

2 קוּם הוּם מוּשׁ מוּן שׁוּם

3 בָּנוּ אָנוּ שָׁנוּ עָנוּ מָנוּ

4 מְנוּ בִּינוּ נֵינוּ קֵנוּ לֵנוּ

READ AND UNDERSTAND

אֲנַחְנוּ - we

5 הָיוּ אִלוּ תַמוּ בְּחוּ בֹּאוּ

6 וּמוֹ וּמֵ וּמִי וּבֹ וּבַ

7 וּבֹאוּ וּמֵבִיא וּמְקַיֵם וּמְהוּלָל

8 קוּמָה קוּמִי תִקוּן וְהוּא וְהָיוּ

9 שִׁבְּחוּ הַלְלוּ לוּיָה הַלְלוּיָה

10 אָבִינוּ עָלֵינוּ עִמָנוּ חַיֵינוּ

11 אֲנַחְנוּ מְנוּחָה יְהוּדִי יְהוּדִים

12 קִדוּשׁ קְדוּשָׁה קִדְשָׁנוּ שֶׁהֶחֱיָנוּ

13 הֲשִׁיבֵנוּ יָמֵינוּ חֶלְקֵנוּ

14 שֶׁ חֶ עֶ דֶ בֶּ יֶ

15 עֶמַ חֲנֶ דֶשָׁ שֶׁל בְּחֶק לְעֶמַת

16 שֶׁלְחָן קְדֶשָׁה וּקְדֶשָׁה וּקְדֶשָׁתוֹ

LETTERS YOU KNOW

בּ תּ ת שׁ א ה ו ד נ ן ח
ב ק מ ם ל ע י

VOWELS YOU KNOW

ָ ַ ְ ֲ ִ ִי ֶ ֱ ֵ ֵי וֹ ֹ
ַי ָי וּ ֻ

פּ
PAY

1 פֵּ פַּ פּוֹ פְּ פֶּ פֹּ

2 פֶּה פַּת פּוֹדֶ פּוֹעֵ פֶּשַׁ

3 פָּקַ פָּנֶ פָּנִי פְּנֵי פְּתִי

4 פְּקוּ פָּעַ פּוֹתֵ פֹּה פֹּעַ

5 פָּדָ אַפַּ פֵּא פְּלִי מִפִּי

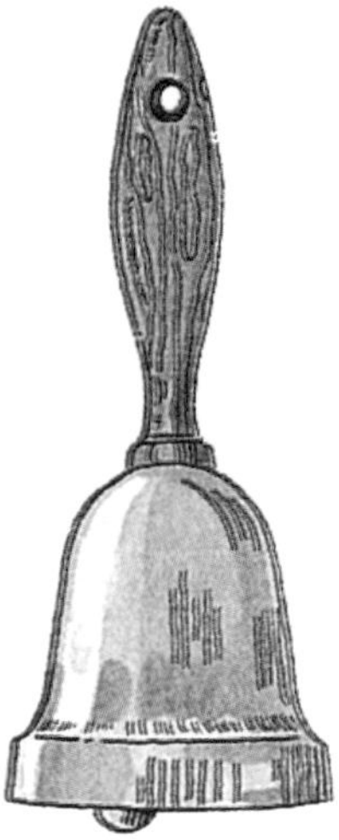

6 מִשְׁפָּ הִתְפָּ לִשְׁפּוֹ פֶּשַׁע

7 פָּדָה פָּחָה פַּחַד פָּתַח

8 פָּקַד פַּיִם פְּתִיל פָּנִים

9 פּוֹעֵל פֹּעַל פֶּעַל פָּעַל

10 פּוֹדֶה פְּקוּדוֹ מִפְּנֵי מִפִּינוּ

11 פְּקוּדוֹת אַפַּיִם מִשְׁפָּחָה

READ AND UNDERSTAND

מִשְׁפָּחָה- family

ר RESH

LETTERS YOU KNOW

בּ תּ ת שׁ א ה ו ד נ ן ח
ב ק מ ם ל ע י פּ

VOWELS YOU KNOW

ָ ַ ְ ֲ ִ ִי ֶ ֱ ֵ ֵי וֹ ֹ
ַי ָי וּ ֻ

1 רֵ רָ רֶ רוֹ רוּ רִ

2 רִיב רַשׁ רַד רֵיק רַע רוֹן

3 רוֹב רֵת רָם רֹא רִית רֶב

4 רְנֵ רָקִי רֶשַׁ רִבֵי רַבִּי רוֹמֵ

5 תְּרוּ רָאוּ בָּרוּ דוֹר אוֹר

6 נֵר שִׁיר עִיר הַר מַר פְּרִי

7 רָעָב רָהָם רָאָה רָשָׁע

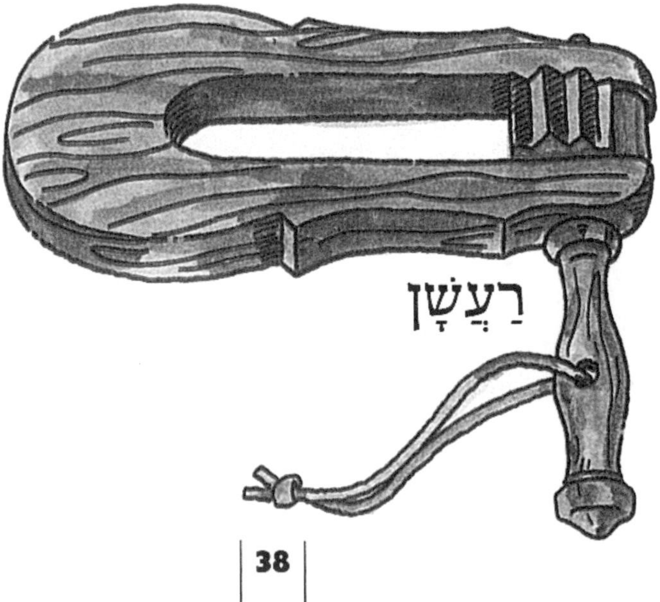

8 רַחֵם רֶשַׁע רְאֵה רֹאשׁ

9 רַבִּים רֵיקָם רִיוֹת

10 רוֹעָה רִיבָה רָקִיעַ

11 בּוֹרֵא בְּרִית עֶרֶב

12 בָּחַר אֲשֶׁר אָמַר

13 אַחֲרֵי דִבְרֵי תּוֹרָה

14 לִקְרַאת רִאשׁוֹן יֹאמְרוּ מִקְרָא

15 בַּעֲבוּר תְּרוּעָה אַחֲרוֹן אַהֲרוֹן

16 רַחֲמָן עֲבֵרָה הִתְפָּאֵר

17 בְּרֵאשִׁית אַבְרָהָם יְרוּשָׁלַיִם

18 אֲשֶׁר בִּדְבָרוֹ מַעֲרִיב עֲרָבִים

READ AND UNDERSTAND

יְרוּשָׁלַיִם- Jerusalem

LETTERS YOU KNOW בּ תּ ת שׁ א ה ו ד נ ן ח
ב ק מ ם ל ע י פּ ר

VOWELS YOU KNOW ָ ַ ְ ֲ ִ ִי ֵ ֵי ֶ ֱ ֹ וֹ ֵ ֶי
ַי ָי וּ ֻ

כּ
KAF

1 כִּי כָּ כְּ כֵּ כֶּ כַּ

2 כֹּל כֵּן כָּה כָּן כּוֹת כִּל

3 כְּמוֹ כֶּלוֹ כִּפּוֹ כֹּהֵ כִּימֵי

4 מַכּוֹ כּוֹנֵ כָּבוֹ כִּילָ כִּפֵּ

5 כֵּא כֵּאלֹ כַּאֱ כַּאֲשֶׁ

6 כֻּלָם כֻּלָנוּ כַּלָה כִּפּוּר

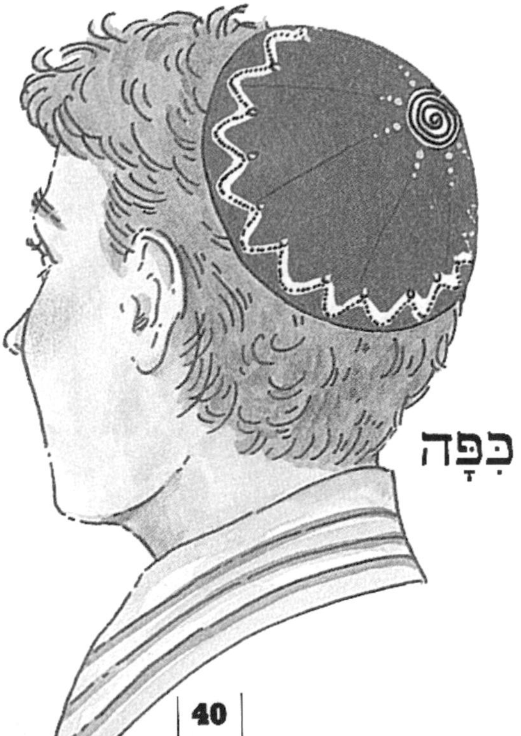

7 כָּבוֹד כְּבוֹדוֹ כָּתוּב כֹּהֵן

8 לַכֹּל כִּפָּה כָּתַב וְהַכֹּל

9 חֲנֻכָּה כְּאֶחָד שֶׁהַכֹּל כִּלְכֵּל

10 מִשְׁכָּן כַּאֲשֶׁר מַלְכּוּת כּוֹרְעִים

11 מַכּוֹתֵינוּ מַלְכֵּנוּ כְּמַלְכֵּנוּ

12 כֵּאלֹהֵינוּ כַּאדוֹנֵינוּ כְּמוֹשִׁיעֵנוּ

READ AND UNDERSTAND

חֲנֻכָּה- Hanukkah

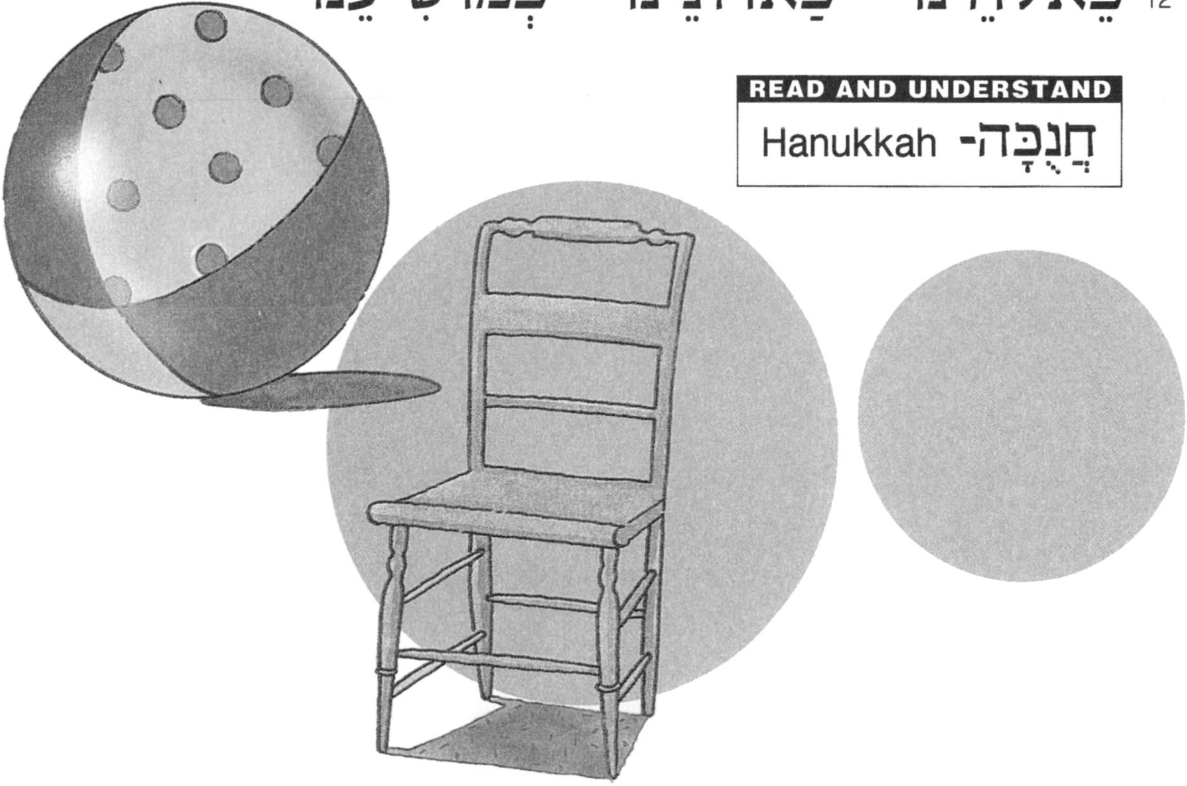

צ
TSADEE

LETTERS YOU KNOW בּ תּ ת שׁ א ה ו ד נ ן ח
ב ק מ ם ל ע י פּ ר כּ

VOWELS YOU KNOW ָ ַ ְ ֲ ִ ִי ֶ ֱ ֵ ֵי וֹ ֹ
ַי ָי וּ ֻ

1 צִי צַ צֵ צוֹ צוּ צֶ

2 צַח צֵא צוּר צִים צוֹת צֶה

3 צִיל צוֹן צֶר צִיא צָר צִוָ

4 צֶדֶ צְאִי צִיצִי צַדִי צְדָ צָבָ

5 יָצַ עֵצָ רְצֵ הוֹצִי נָצַ חָצֵ

צִפּוֹר

6 צִיּוֹן צָבָא צָרָה צִיצִת

7 צִוָּה צִוָּנוּ צֶדֶק צַדִּיק

8 יָצַר נְצוֹר יוֹצֵר יְצוּר

9 מַצָּה מַצּוֹת רָצָה רָצוֹן

10 יוֹצֵא וַיּוֹצֵא הוֹצִיא הַמּוֹצִיא

11 מִצְרַיִם לָנֶצַח נְצָחִים

12 יִצְחָק עֵצִים רוֹצֶה

13 וְצִוָּנוּ מִצְוָה צְדָקָה

14 מִצְ מִצְווֹ מִצְווֹת מִצְוֹת

15 מִצְווֹת מִצְוֹת מִצְוֹתַי

16 כִּי מִצִּיּוֹן תֵּצֵא תוֹרָה

READ AND UNDERSTAND

מִצְוָה- religious commandment

ץ

FINAL TSADEE

LETTERS YOU KNOW בּ תּ ת שׁ א ה ו ד נ ן
ח ב ק מ ם ל ע י פּ ר כּ צ

VOWELS YOU KNOW ◌ָ ◌ַ ◌ְ ◌ֲ ◌ִ ◌ִי ◌ֶ ◌ֱ ◌ֵ ◌ֵי וֹ
◌ֹ ◌ַי ◌ָי וּ ◌ֻ

1 קֵץ רֶץ לַץ עֵץ צָץ

2 חַץ רָץ לֵץ מֵץ צִיץ

3 הָעֵץ חָמֵץ חִלֵץ חַלַץ

4 אֶרֶץ אֶרֶץ הָאָרֶץ לָאָרֶץ

5 הַמּוֹצִיא לֶחֶם מִן הָאָרֶץ

READ AND UNDERSTAND

אֶרֶץ- land

LETTERS YOU KNOW בּ תּ ת שׁ א ה ו ד נ ן
ח ב ק מ ם ל ע י פּ ר כּ צ ץ

VOWELS YOU KNOW ◌ָ ◌ַ ◌ְ ◌ֲ ◌ִ ◌ִי ◌ֶ ◌ֱ ◌ֵ ◌ֵי וֹ
◌ֹ ◌ַי ◌ָי וּ ◌ֻ

ס
SAMECH

1 סֵ סַ סוּ סְ סֹ סִי

2 סִים סַק סָה סוּר סֶד סִיר

3 נָס נֵס חָס מָס הִס חֶס

4 סָבַ סֵתֶ סוּמֵ סַפֵּ סָבִי סְלִי

סֻכָּה

5 סִפֵּ סְדוֹ סוּרִי סֻכָּ סֶלָ סֹעַ

6 אֱסוּ הֶסֶ יָסַ כִּסָ מוֹסֵ תָּסִי

7 סְלַח סָלַח סְלִיחָה סֶלָה

8 בִּנְסֹעַ נִסִים סָדִים סוּרִים

9 כִּסֵא סַפֵּר סִדוּר מָסוּר

10 חֶסֶד חַסְדֵי חָסִיד חֲסָדִים

11 חָסַר יֶחְסַר מוֹסֵר אָסוּר

12 סֻכָּה נָסָה כִּסָה פַּרְנָסָה

READ AND UNDERSTAND

סִדוּר- Siddur (prayerbook)

שׂ
SIN

LETTERS YOU KNOW

בּ תּ ת שׁ א ה ו ד נ ן
ח ב ק מ ם ל ע י פּ ר כּ צ ץ ס

VOWELS YOU KNOW

ָ ַ ְ ֲ ִ ִי ֶ ֱ ֵ ֵי וֹ
ֹ ַי ָי וּ ֻ

1 שֶׂ שָׂ שִׂי שַׂ שְׂ שֵׂ

2 שָׂח שֶׂה שָׂר שֵׂא שִׂים שָׂם

3 שְׂאוּ שָׂמָ שָׂבָ שׂוֹנֵ שָׂמַ

4 עֲשִׂי יִשְׂ נָשִׂי וְשָׂ בָּשָׂ שָׂשׂוֹ

שִׂמְחַת תּוֹרָה

5 שָׂשׂוֹן שָׂמַח יִשְׂמַח שִׂמְחָה

6 יִשָׂא נִשָׂא נַשֵׂא הִתְנַשֵׂא

7 שָׂבָע נָשָׂה שׂוֹנֵא שִׂנְאָה

8 עוֹשֶׂה עָשָׂה עֲשִׂים הַמַעֲשִׂים

9 שָׂבָעְתָּ שָׂמָנוּ בָּשָׂר

10 יַעֲשֶׂה יִשְׂרָאֵל בְּיִשְׂרָאֵל

11 עֹשֶׂה שָׁלוֹם הוּא יַעֲשֶׂה שָׁלוֹם

READ AND UNDERSTAND

יִשְׂרָאֵל- Israel

ג GIMMEL

LETTERS YOU KNOW בּ תּ ת שׁ א ה ו ד נ ן ח
ב ק מ ם ל ע י פּ ר כּ צ ץ ס שׂ

VOWELS YOU KNOW ◌ָ ◌ַ ◌ְ ◌ֲ ◌ִ ◌ִי ◌ֶ ◌ֱ ◌ֵ ◌ֵי וֹ
◌ֹ ◌ַי ◌ָי וּ ◌ֱ

1 גֶ גָ גֵ גוֹ גַ גְ גִ

2 גֶד גֵן גִיד גִיל גָד גַם

3 גָאַ גָדַ גַדֵ גֹדֶ גֹבַ גָגָ

4 גוּלָ גָלוּ גוֹלֵ גוֹאֵ גִלָ גומֵ

5 גְבוּ גְדוּ גְדֶ גְאֱ גִבּוֹ גֶבֶ

6 רַג חַג הַגָ מָגֵ הִגִי הִגָ

7 גָאַל גָמַל גָדַל גָדְלוֹ

8 גַדֵל גִדֵל גוֹמֵל גוֹלֵל

9 נֶגֶד גֶבֶר רֶגֶל גִבּוֹר

10 סְגוּלָה גְאֻלָה גְבוּרָה מְגִלָה

11 גָדוֹל גַדְלוּ גְדֻלָה גְדֻלָתוֹ

12 נַגִיד יִגְדַל מָגֵן הִגָיוֹן

13 הִגִיעָ גִיעָנוּ הִגִיעָנוּ וְהִגִיעָנוּ

14 הַגָדוֹל הַגִבּוֹר וְהַנוֹרָא

וֹי וּי

1 גוֹ גוֹי לוֹ לוּי גוֹיִם גָלוּי

READ AND UNDERSTAND

גָדוֹל- great

LETTERS YOU KNOW	בּ תּ ת שׁ א ה ו ד נ ן ח ב ק מ ם ל ע י פּ ר כּ צ ץ ס שׂ ג
VOWELS YOU KNOW	ָ ַ ְ ֲ ִ ִי ֶ ֱ ֵ ֵי וֹ ֹ ַי ָי וּ ֻ וֹי וּי

ט TET

1 טַ טֹ טָ טוּ טֶ טוֹ

2 טָה טָא טַע טִיב טוֹב

3 טָהַ טָהוֹ טִהֵ טִיָ טֶר טֹטָ

4 בִּיט מָט פָּט פּוֹט חֵט

5 לִיטָ נָטַ חָטָ הֵיטִי וְטוּ

טַלִית

6 טוֹבוֹ טֹבוּ טוּבוֹ טוֹבָה

7 הַטוֹב הֵיטִיב טוֹבִים וְטוּבוֹ

8 טָהוֹר נָטַע לִיטָה בָּטַח

9 חָטָא מָטָר נָטַשׁ הִבִּיט

10 טָאנוּ חָטָאנוּ טִהֵר בְּטֶרֶם

11 פְּלִיטָה לִשְׁפּוֹט מִשְׁפָּט

READ AND UNDERSTAND

טוֹב- good

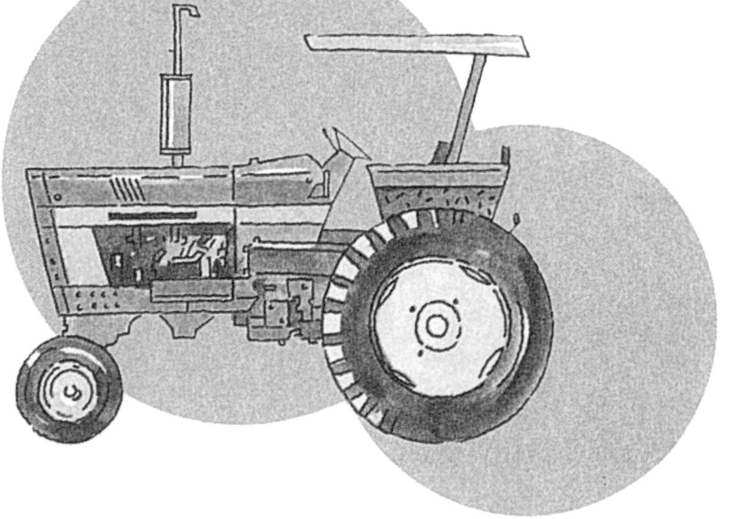

ז ZAYIN

LETTERS YOU KNOW

בּ ת תּ שׁ א ה ו ד נ ן ח ב ק
מ ם ל ע י פּ ר כּ צ ץ ס שׂ ג ט

VOWELS YOU KNOW

◌ָ ◌ַ ◌ְ ◌ֲ ◌ִ ◌ִי ◌ֶ ◌ֱ ◌ֵ ◌ֵי וֹ ◌ֹ ◌ַי
◌ָי וּ ◌ֻ וֹי וּי

1 זֶ זִי זֵ זְ זַי זָ זוּ

2 זִיר זָק זַב זוֹן זֹא זֶה

3 זִכָּ זָקַ זוֹלַ זוּזָ זֶרַ זוּזוֹ

4 זֶמֶ זְמוֹ זְמִי זְמַ זִמֵ

זֶבְּרָה

5 עֶז עֵז עז אָז עָזַ אֲזַי

6 זֹאת וְזֹאת זוּזָה זוּזוֹת

7 הַזָן מָזוֹן עָזַר עָזַב

8 גוֹזֵר עוֹזֵר עֵזֶר זֶמֶר

9 זִמֵר זְמוֹר זוּלַת חָזָק

10 זְמַן לַזְמַן בִּזְמַן הַזֶה

11 זִכָּרוֹן זוּלָתִי זִמְרָה זְמִירוֹת

12 הֶחֱזִיר עֶזְרָה עֶזְרַת בְּעֶזְרַת

13 מְזוּזָה מְזוּזוֹת מְזוֹנוֹת

14 וְזֹאת הַתּוֹרָה אֲשֶׁר שָׂם מֹשֶׁה

READ AND UNDERSTAND

מְזוּזָה- mezuzah

פ
FAY

LETTERS YOU KNOW

בּ תּ ת שׁ א ה ו ד נ ן ח ב
ק מ ם ל ע י פּ ר כּ צ ץ ס שׂ ג ט ז

VOWELS YOU KNOW

ָ ַ ְ ֲ ִ ִי ֶ ֱ ֵ ֵי ֹ וֹ
ַי ָי וּ ֻ וֹי וּי

1 פוּ פֵ פַ פֶ פִ פָ

2 פֵט פֶשׂ פָר פִיר פֵץ

3 פֶלֶ פָשָׁ פָדָ פוּאָ פִלָ

4 רָפָ עָפָ פָאֵ נָפַ הֵפִי

צְפַרְדֵּעַ

5 פָּא רָפָא נֶפֶשׁ נַפְשׁוֹ

6 פֶּן גֶּפֶן פֶּר סֵפֶר

7 פֵּא רוֹפֵא רְפוּאָה רְפָאֵנוּ

8 פָּדָה עָפָר חָפֵץ נָפַל

9 הֵפִיר שָׂפַט שׁוֹפֵט שׁוֹפָר

10 פֶּלֶה נִפְלָא נוֹפְלִים נִפְלָאוֹת

11 הַגָּפֶן לִפְנֵי תְּפִלָּה תְּפִלּוֹת

12 רְפָאֵנוּ ה׳ וְנֵרָפֵא

READ AND UNDERSTAND

תְּפִלָּה- prayer

ף

FINAL FAY

LETTERS YOU KNOW בּ תּ ת שׁ א ה ו ד נ ן ח
ב ק מ ם ל ע י פּ ר כּ צ ץ ס שׂ ג ט ז פ

VOWELS YOU KNOW ָ ַ ְ ֲ ִ ִי ֶ ֱ ֵ ֵי וֹ ֹ
ַי ָי וּ ֻ וֹי וּי

1 אַף כַּף רַף קַף דַף

2 קַף נָף פַּף סוֹף סוּף
3 לֶף כַּף אַף סַף רַף
4 כָּנָף אַף זָקַף אָסַף
5 סוּף כַּף כָּפַף אֶלֶף
6 וְדַף הַכָּנָף סוֹף

READ AND UNDERSTAND

סוֹף- end

קוֹף

כ CHAF

LETTERS YOU KNOW

בּ תּ ת שׁ א ה ו ד נ ן ח ב
ק מ ם ל ע י פּ ר כּ צ ץ ס שׂ ג ט ז פ ף

VOWELS YOU KNOW

◌ָ ◌ַ ◌ְ ◌ֲ ◌ֹ ◌ִ ◌ִי ◌ֶ ◌ֱ ◌ֵ ◌ֵי וֹ ◌ֹ
◌ַי ◌ָי וּ ◌ֻ וֹי וּי

1 כָ כֶ כֹ כוּ כִי כֵ

2 כֵר כַר כֶר כַל כֹל כַב

3 כֶם כָם כִים כַן כָה כוֹר

4 אָכַ כָּכָ כַלוּ נֹכִי כָמֹ כֵנוּ

5 זָכָה זוֹכֵר זָכַר זֵכֶר

6 שָׂכָר אָכַל חָכָם לְכָה

7 שָׁכַן לְכוּ לָכֶם בָּכֶם

8 כַלָה מֹכָה כָמֹכָה כָּמֹכָה

9 אֲכֵי מַלְכֵי מַלְאֲכֵי מְלַאכְתּוֹ

10 אָנוֹכִי עֲלֵיכֶם אֱלֹהֵיכֶם

11 בָּרְכוּ בְּרָכָה בְּרָכוֹת בָּרְכֵנוּ

12 מְלָכִים מְלָאכָה מַלְכוּתוֹ

13 כֵאלֹהֵינוּ כַאדוֹנֵינוּ כְמוֹשִׁיעֵנוּ

14 מִי כָמֹכָה בָּאֵלִם ה׳

READ AND UNDERSTAND

בְּרָכָה- blessing

ךְ FINAL CHAF

LETTERS YOU KNOW בּ תּ ת שׁ א ה ו ד נ ן ח
ב ק מ ם ל ע י פּ ר כּ צ ץ ע ס שׂ ג ט ז פ ף כ

VOWELS YOU KNOW ָ ַ ְ ֲ ִ ִי ֱ ֶ ֵ ֵי וֹ
ֹ ַי ָי וּ ֻ וֹי וּי

1 תּוֹךְ כָּךְ רֵךְ שֶׁךְ לַךְ

2 רָךְ תָּךְ כָּךְ רֶךְ רוּךְ

3 לֹךְ לִיךְ לָךְ מֵךְ מַךְ אָךְ

4 מֶלֶךְ מָלָךְ הִמְלִיךְ מַלְאָךְ

5 סַמַךְ סוֹמֵךְ מִתּוֹךְ אוֹתָךְ

מֶלֶךְ

6 אֶרֶךְ אֹרֶךְ דֶּרֶךְ בַּדֶּרֶךְ

7 בֶּרֶךְ בָּרֵךְ יְבָרֵךְ נְבָרֵךְ

8 בָּרוּךְ מְבֹרָךְ הַמְבֹרָךְ יִמְלֹךְ

9 דֶךָ מֶךָ תֶךָ בֶךָ שֶׁךָ מוֹךָ

10 לְךָ כְךָ מְךָ תְךָ

11 כָּתֶךָ בֵּיתֶךָ יָדֶךָ לָתֶךָ

12 שֶׁלְךָ שִׁמְךָ שָׁתְךָ עַמְךָ

13 עַמֶּךָ דָתֶךָ רָתֶךָ נָתֶךָ

14 כָּמוֹךָ עַבְדֶּךָ בְּיָדֶךָ

15 לְבָבֶךָ תּוֹרָתֶךָ בִּשְׁלוֹמֶךָ

16 לֶיךָ אֵלֶיךָ נֶיךָ פָּנֶיךָ

READ AND UNDERSTAND

בָּרוּךְ - blessed

חַ

1 בֵּחַ תֵחַ מֵחַ רוּחַ

2 לֵחַ לִיחַ שִׁיחַ שִׂיחַ

3 לוֹחַ צֵחַ כֹּחַ מִיחַ

4 שָׂמֵחַ סוֹלֵחַ פּוֹתֵחַ שַׁבֵּחַ

5 נָשִׂיחַ רוּחַ נַצֵּחַ מִזְבֵּחַ

6 לִסְלוֹחַ לְשַׁבֵּחַ הִצְמִיחַ הִצְלִיחַ

7 יָרֵחַ אָשִׂיחָה מִשְׁפָּחָה מָשִׁיחַ

8 עָלֵינוּ לְשַׁבֵּחַ לַאֲדוֹן הַכֹּל

READ AND UNDERSTAND

שָׂמֵחַ- happy

תַּפּוּחַ

ָ יו

1 דָיו יַחְדָיו יוֹתָיו בְּרִיוֹתָיו

2 פָנָיו לְפָנָיו רוֹמָיו בִּמְרוֹמָיו

3 הָיו לֹהָיו אֱלֹהָיו בְּרִיוֹתָיו

4 מָיו וְרַחֲמָיו שָׂיו מַעֲשָׂיו

כָּל כָל קָךְ ךְ

1 מִכָּל וְכָל לְכָל וּלְכָל

2 קָדוֹשׁ קָדְשׁוֹ קָדְשֶׁךָ

3 הֳ הֳרָ הֳרָיִם וְצָהֳרָיִם

4 בְּכָל לְבָבְךָ וּבְכָל נַפְשְׁךָ

READ AND UNDERSTAND

together - יַחְדָיו

THE HEBREW ALPHABET

א בּ ב ג ד ה ו

אָלֶף בֵּית בֵית גִמֶל דָלֶת הֵא וָו

ז ח ט י כּ כ ך ל

זַיִן חֵית טֵית יוּד כַּף כַף לָמֶד

מ ם נ ן ס ע פּ פ ף

מֵם נוּן סָמֶךְ עַיִן פֵּא פֵא

צ ץ ק ר שׁ שׂ תּ ת

צַדִי קוּף רֵישׁ שִׁין שִׂין תַּו